# CARTA 10.II.2024

FERNANDO OCÁRIZ

# CARTA 10.II.2024
## Sobre la obediencia

EDICIONES RIALP
MADRID

Preimpresión: www.produccioneditorial.com

ISBN: 978-84-321-6716-4
Depósito legal: M-4062-2024

Impreso en España                    *Printed in Spain*

Anzos, S. L. - Fuenlabrada (Madrid)

# ÍNDICE

Queridísimos: ¡que Jesús me guarde a mis hijas y a mis hijos!

Hace unos años, os escribí una carta 1 dedicada a la libertad. Cada una y cada uno habremos procurado meditarla y llevarla a nuestra vida diaria. Os recordaba entonces que estamos llamados a hacer las cosas por amor, no simplemente por obligación. Queremos seguir al Señor muy de cerca, cumpliendo su voluntad, movidos por el deseo de corresponder a su amor. Ahora os escribo sobre la obediencia, que a primera vista puede parecer una virtud opuesta a la libertad. Sin embargo, sabemos muy bien que, en realidad, la verdadera obediencia es una consecuencia de la libertad; y que, además, frente a lo que cabría esperar con una mirada simplemente humana, la obediencia cristiana revierte en una libertad cada vez mayor.

Unas décadas atrás, un gran intelectual que estudió a fondo las obras de san Josemaría señalaba una importante aportación de nuestro fundador: el hecho de haber subrayado cómo, en la vida cristiana, existe una cierta prioridad de la libertad sobre la obediencia[1]. Obedecemos porque *nos da la gana* cumplir la voluntad de Dios, porque ese es el deseo más profundo de nuestra alma. De hecho, una obediencia sin libertad no es digna de la persona

---

[1] Cfr. C. FABRO, «Un maestro de libertad cristiana», en *L'Osservatore Romano*, 2-VII-1977. También en www.opusdei.org/es-es/article/un-maestro-de-la-libertad-cristiana.

humana ni, por tanto, de un hijo o hija de Dios.

El amor, lo sabemos bien, es mucho más que una inclinación más o menos pasajera de la sensibilidad; el amor supone la disposición a dar la vida por alguien (cfr. *Jn* 15, 13). Por eso, una de sus manifestaciones más profundas es identificar nuestra voluntad con la de la persona amada: «Quiero lo que quieras, quiero porque quieres, quiero como quieras, quiero cuando quieras...»[2].

2    Muchas veces habremos considerado, con mayor o menor detenimiento, el plan amoroso de Dios sobre el mundo: la creación y la elevación sobrenatural, por puro amor, para compartir la felicidad de la Trinidad con cada hombre y

---

[2] San JOSEMARÍA, Oración al Espíritu Santo, abril de 1934.

cada mujer, y para darles una existencia plena, que cumpliría todas las ansias de sus corazones. Pero, desde el principio, el pecado también hizo presencia en el mundo: el pecado de nuestros primeros padres, que fue fundamentalmente una desobediencia.

Sin embargo —no nos cansemos de contemplarlo también, con agradecimiento—, Dios no quiso abandonarnos a nuestra suerte. En una decisión de amor libérrimo, que no podemos entender porque desborda nuestras pobres luces, envió a su Hijo Unigénito para devolvernos la amistad con Él. Cuando Jesús muere en la Cruz por toda la humanidad —por ti y por mí—, entrega su vida en un acto de plena obediencia a la voluntad de su Padre. Libertad y obediencia están entrelazadas en la historia de la Salvación. Las lamentables consecuencias de la desobediencia humana son redimidas por la obediencia de Cristo. Su gracia nos da la posibilidad de vivir con la libertad de los hijos de Dios.

En estas páginas deseo invitaros a que 3
meditemos juntos en algunos aspectos
de la virtud de la obediencia, tan central
en los misterios de nuestra fe y, al mismo tiempo, tan presente en la vida de
cualquier persona. La necesidad de obedecer es una realidad humana, a muchos
niveles, pues existen leyes y normas obligatorias: desde el contenido de la ley natural hasta las leyes de convivencia civil;
desde la obediencia de los menores de
edad a sus padres hasta la obediencia
de quienes voluntariamente se han comprometido seriamente a algo ante otras
personas o instituciones. En sentido análogo, también se considera obediencia el
que una persona siga su propia conciencia. Y, en un sentido aún más amplio,
cabe llamar obediencia al hecho de seguir determinados consejos espirituales.

Como es fácil comprobar, pues estamos metidos de lleno en ella, la cultura actual raramente considera la obediencia como algo positivo: se la ve más bien como una necesidad a veces ineludible, que se procura evitar lo más posible, porque parece contraria al gran valor de la libertad. A esto se suma el hecho de que, en no pocos ambientes, hay una cierta crisis de las figuras de autoridad y una concepción de la dependencia como algo negativo: como una excepción inevitable a la capacidad de juzgar y decidir algo por uno mismo. Así, por ejemplo, la mayor sensibilidad actual ante cualquier tipo de abuso de poder, siendo en sí misma muy positiva y necesaria, puede poner a veces en tela de juicio, injustamente, toda forma de autoridad. En realidad, sucede que existe una especie de tendencia innata a la desobediencia, herencia del pecado original, aquel momento en que «el hombre, tentado por el diablo, dejó morir en su corazón la confianza hacia su creador (cfr. *Gn* 3, 1-11) y, abusando de su libertad, *desobedeció* al mandamiento de Dios»[3].

Para comprender el valor más alto de la obediencia y su conexión existencial con la libertad, necesitamos situarnos por encima de esos niveles necesarios de obediencia en la sociedad humana, y contemplar a Jesucristo. Es este otro aspecto de su centralidad, que ha de ser el objetivo de nuestra vida: que Cristo reine en nuestros corazones y dirija nuestra entera existencia.

«Aprendamos de Jesús a vivir la obediencia. Él ha querido poner en la pluma del Evangelista esa maravillosa biografía que, en latín, tiene solo tres palabras: *erat subditus illis* (*Lc* 2, 51). Fijaos si es necesaria la obediencia para un hijo de Dios, ¡si

---

[3] *Catecismo de la Iglesia Católica*, n. 397.

Dios mismo ha venido para obedecer a dos criaturas, perfectísimas, pero criaturas: Santa María —más que Ella solo Dios— y San José! Y Jesús les obedeció»[4]. El Hijo de Dios quiso ser plenamente hombre y, como todo buen hijo, obedecer a María y a José, sabiendo que así obedecía a Dios Padre. Y esta obediencia marcó toda su vida en la tierra, hasta la obediencia de la Cruz (cfr. *Flp* 2,8).

## Obedecer a Dios

4   En sentido absoluto, solo Dios es digno de obediencia, siempre y en todo momento, porque solo Él conoce plenamente el camino que a cada uno de nosotros nos lleva a la felicidad. «Si escuchas la voz del Señor, tu Dios, esmerándote en poner por obra todos sus mandamientos que te prescribo hoy, el Señor, tu Dios, te hará el más excelso de todos los pueblos de la tierra»

---

[4] San JOSEMARÍA, *Carta* 38, n. 4.

(*Dt* 28, 1), señala Moisés antes de describir todas las bendiciones que esa obediencia supondría para el pueblo.

De alguna manera, toda la revelación bíblica es una pedagogía hacia la obediencia más inteligente y más libre: la que nos lleva a la plena realización de quienes somos, al identificarse nuestra voluntad con la de Dios, en un *sí* sin condiciones. Por eso, a través de los profetas, y a pesar de las múltiples traiciones de los suyos, el Señor sigue recordando a su pueblo: «Escuchad mi voz y Yo seré vuestro Dios y vosotros seréis mi pueblo y andaréis por todo camino por donde os mande, para que os vaya bien» (*Jr* 7, 23). Nuestros pequeños planes se engrandecen cuando se integran en los suyos; nunca nos va tan bien como cuando andamos por los caminos de Dios.

Cristo mismo se nos muestra como el hijo obediente. En primer lugar, obediente a María y a José, a parientes y autoridades. Pero, sobre todo, obediente a Dios Padre. Jesús se nutre de hacer la voluntad del Padre: «Mi alimento es hacer la voluntad del que me ha enviado y llevar a cabo su obra» (*Jn* 4, 34). Incluso en los momentos más difíciles, el Hijo hace suya la voluntad del Padre, a pesar de la profunda conciencia del dolor que eso le va a suponer: «Padre, si quieres aparta de mí este cáliz; pero no se haga mi voluntad, sino la tuya» (*Lc* 22, 42). San Pablo escribe que Jesús, «mostrándose igual a los demás hombres, se humilló a sí mismo haciéndose obediente hasta la muerte, y muerte de cruz» (*Flp* 2, 7-8).

Pero no es solo la muerte de Cristo en sí misma la que nos ha alcanzado la salvación, sino su obediencia libre y amorosa al Padre para hacerse uno de nosotros y dar la vida por cada uno: «Por la obediencia de uno solo todos serán constituidos justos» (*Rm* 5, 19). Una obediencia que no se restringe a unos momentos o instancias concretas, sino que es una manera de obrar en todo momento, en una docilidad «hasta el fin» (*Jn* 13, 1).

A la autoridad nacional y religiosa, que le     5
prohíbe predicar a Jesús, responde san Pedro: «Hay que obedecer a Dios antes que a los hombres» (*Hch* 5,29). Pero, comenta Benedicto XVI, «esto supone que conozcamos realmente a Dios y que queramos obedecerle de verdad. Dios no es un pretexto para la propia voluntad, sino que realmente Él es quien nos llama y nos invita, si fuera necesario, incluso al martirio. Por eso, ante esta palabra que inicia una nueva historia de libertad en el mundo, pidamos sobre todo conocer a Dios, conocer humilde y verdaderamente a Dios y, conociendo a Dios, aprender la verdadera obediencia que es el fundamento de la libertad humana»[5].

---

[5] Benedicto XVI, *Homilía*, 15-IV-2010.

Quien *conoce* a Dios se situará en esa continua búsqueda con gran esperanza y confianza: de Él no cabe esperar más que bendiciones, aunque a veces resulten oscuras o incomprensibles, o nos hagan sufrir. En este sentido, también la oración personal se expresa en actitud de obediencia: «Señor nuestro —rezaba san Josemaría—, aquí nos tienes dispuestos a escuchar cuanto quieras decirnos. Háblanos; estamos atentos a tu voz. Que tu conversación, cayendo en nuestra alma, inflame nuestra voluntad para que se lance fervorosamente a obedecerte»[6].

## Voluntad divina y mediación humana

6   Lo que Dios quiere para nosotros se nos presenta con frecuencia de manera mediada. En primer lugar, a través de la Iglesia, cuerpo místico de Cristo: «La

---

[6] San JOSEMARÍA, *Santo Rosario*, 4.º misterio de luz, Ed. Rialp.

obediencia es la opción fundamental por acoger a quien ha sido puesto ante nosotros como signo concreto de ese sacramento universal de salvación que es la Iglesia»[7]. Dios también puede hacernos ver su voluntad a través de las personas que nos rodean, revestidas de mayor o menor autoridad, dependiendo de la instancia y del contexto. Saber que Dios nos puede hablar a través de otras personas o de sucesos más o menos corrientes, la convicción de que ahí podemos escucharle, genera en nosotros una actitud dócil frente a sus designios, escondidos también en las palabras de quienes nos acompañan en el camino.

San Josemaría, consciente de lo delicado de esta mediación —escuchar a Dios, pero a través de hombres y mujeres normales—, aconsejaba una actitud de humildad, sinceridad y silencio interior:

---

[7] FRANCISCO, *Discurso*, 17-II-2022.

«A veces el Señor sugiere su querer como en voz baja, allá en el fondo de la conciencia: y es necesario escuchar atentos, para distinguir esa voz y serle fieles. En muchas ocasiones, nos habla a través de otros hombres, y puede ocurrir que la vista de los defectos de esas personas, o el pensamiento de si están bien informados, de si han entendido todos los datos del problema, se nos presente como una invitación a no obedecer. Todo esto puede tener una significación divina, porque Dios no nos impone una obediencia ciega, sino una obediencia inteligente, y hemos de sentir la responsabilidad de ayudar a los demás con las luces de nuestro entendimiento. Pero seamos sinceros con nosotros mismos: examinemos, en cada caso, si es el amor a la verdad lo que nos mueve, o el egoísmo y el apego al propio juicio»[8].

---

[8] San Josemaría, *Es Cristo que pasa*, n. 17, Ed. Rialp.

Por otra parte, hay que tener en cuenta   7
que quienes ocupan posiciones de autoridad a diversos niveles no han sido llamados a hacerlo porque sean perfectos.
No acudimos a la autoridad por sus cua-
lidades: «¡Qué lástima que quien hace
cabeza no te dé ejemplo!... —Pero ¿acaso
le obedeces por sus condiciones personales?... ¿O el *obedite praepositis vestris
—obedeced a vuestros superiores*", de san
Pablo, lo traduces, para tu comodidad,
con una interpolación tuya que venga a
decir... siempre que el superior tenga
virtudes a mi gusto?»[9].

Esto tampoco quiere decir que no
puedan equivocarse quienes dan indicaciones o consejos; ellos son muy cons-
cientes de esto y, en su caso, pedirán
perdón. La posibilidad del error, de un
modo u otro, según la entidad del asunto y del ámbito del que se trate, siempre

---

[9] San Josemaría, *Camino*, n. 621, Ed. Rialp.

podemos vivirla con inteligencia y sinceridad, en un contexto de fe y de confianza sobrenaturales. También con humildad, porque es razonable dudar, al menos un poco, de nuestro propio juicio y dialogar confiadamente con la autoridad cuando nos parece que se ha tratado de una equivocación.

Santo Tomás, por su parte, explica que la obediencia es la virtud que inclina a cumplir el mandato legítimo del superior, en cuanto que esa obediencia manifiesta la voluntad de Dios[10]. Naturalmente, no todo legítimo mandato es necesariamente el mejor posible; sin embargo, la obediencia será entonces camino de fecundidad, porque a veces el Señor da más valor sobrenatural a la humildad y a la unidad que al hecho de tener más o menos razón. De ahí la

---

[10] Cfr. S. Tomás de Aquino, *Suma teológica*, II-II, q. 104 a. 1.

importancia de la visión sobrenatural; de no quedarse en una mera valoración humana de las indicaciones recibidas.

En todo caso, quienes tienen autoridad deben extremar la delicadeza para no imponer innecesariamente sus criterios, y para evitar que sus indicaciones o consejos puedan interpretarse en sí mismos como una expresión diáfana de la voluntad de Dios. Como os escribía en la carta del 9-I-2018, «mandar con respeto a las almas es, en primer lugar, respetar delicadamente la interioridad de las conciencias, sin confundir el gobierno y el acompañamiento espiritual. En segundo lugar, ese respeto lleva a distinguir los mandatos de lo que son solo oportunas exhortaciones, consejos o sugerencias. Y, en tercer lugar —y no, por eso, menos importante—, es gobernar con tal confianza en los demás, que se cuente siempre, en la medida de lo posible, con el parecer de las personas interesadas» (n. 13).

Contemplemos, sobre todo, el ejemplo de Cristo: «Jesús obedece, y obedece a José y a María. Dios ha venido a la tierra para obedecer, y para obedecer a las criaturas»[11]. Es muy significativo que, tras la respuesta a sus padres en el templo —«es necesario que yo esté en las cosas de mi Padre»— san Lucas añada que Jesús «*erat subditus illis*, les estaba sujeto» (cfr. *Lc* 2, 49-51). El seguimiento de la voluntad de Dios, que debemos buscar siempre y en todo, se encuentra a menudo *en* el seguimiento confiado de algunas personas.

## Obediencia y libertad

8 No ha habido en la historia de la humanidad un acto tan profundamente libre como la entrega del Señor en la Cruz (cfr. *Jn* 10, 17-18). «El Señor vivió el culmen de su libertad en la Cruz, como

---

[11] San Josemaría, *Es Cristo que pasa,* n. 17, Ed. Rialp.

cumbre del amor. Cuando en el Calvario le gritaban: "Si eres Hijo de Dios, baja de la Cruz", demostró su libertad de Hijo precisamente permaneciendo en aquel patíbulo para cumplir a fondo la voluntad misericordiosa del Padre»[12].

La Cruz, escribía san Josemaría, «no es la pena, ni el disgusto, ni la amargura… Es el madero santo donde triunfa Jesucristo…, y donde triunfamos nosotros, cuando recibimos con alegría y generosamente lo que él nos envía»[13]. La Cruz nos muestra de manera nítida lo que mencionaba al principio de esta carta: que libertad y obediencia no se oponen, porque de hecho se puede obedecer por amor, y solo se puede amar en libertad. Más concretamente, la obediencia cristiana no solo no es contraria a la libertad, sino que es ejercicio de libertad.

---

[12] BENEDICTO XVI, *Angelus*, 1-VII-2007.
[13] San JOSEMARÍA, *Forja*, n. 788, Ed. Rialp.

«Soy muy amigo de la libertad y precisamente por eso quiero tanto esa virtud cristiana»[14], escribía también nuestro Padre, refiriéndose a la obediencia.

Siempre es posible hacer lo que se debe hacer «porque me da la gana»: por amor. Y, cuando es por amor a Dios, ese «porque me da la gana» es «la razón más sobrenatural», como aseguraba también san Josemaría. De ahí que no haya «nada más falso que oponer la libertad a la entrega, porque la entrega viene como consecuencia de la libertad»[15].

9    «Ama, y haz lo que quieras»[16]: la célebre afirmación de san Agustín significa, como él mismo escribió, que quien obra el bien movido por la caridad no lo hace solamente por necesidad u obligación, pues

---

[14] San Josemaría, *Es Cristo que pasa*, n. 17, Ed. Rialp.
[15] San Josemaría, *Amigos de Dios*, n. 30, Ed. Rialp.
[16] San Agustín, *In Epist. Ioannis ad parthos*, VII, 8 (PL 35, 2033).

«la libertad pertenece a la caridad» (*libertas est caritatis*)[17]. Se entiende así que la ley de Cristo sea «ley perfecta de libertad» (*St* 1, 25), pues se resume toda ella, se «recapitula», en el amor (cfr. *Rm* 13, 8-9).

En todo podemos actuar libremente, como Cristo, haciendo nuestro lo que nos dicen, por amor. En este sentido, «al obedecer, hay que escuchar, porque no somos instrumentos inertes ni pasivos, sin responsabilidad ni pensamiento. Y luego, con originalidad, con iniciativa, con espontaneidad, poner todas las energías de la inteligencia y de la voluntad en lo que se manda, para ejecutar todo lo que se manda y solo lo que se manda. Otra cosa sería anárquica. La obediencia en la Obra favorece el desarrollo de todos vuestros valores individuales y hace que, sin perder vuestra personalidad, viváis, crezcáis y adquiráis una mayor

---

[17] San Agustín, *De natura et gratia*, 65, 78 (PL 44, 286).

madurez, siendo la misma persona a los dos años que a los ochenta y dos»[18]. Esta iniciativa, lógicamente, no se limita a las ocasiones en las que es preciso obedecer, pues en todo momento podemos sugerir, proponer y aportar creatividad allí donde estamos, sin esperar a recibir indicaciones, y siempre en unión con quienes tengan autoridad.

San Basilio Magno explicaba que lo propio de los hijos es obedecer por amor: «O nos apartamos del mal por temor del castigo y estamos en la disposición del esclavo, o buscamos el incentivo de la recompensa y nos parecemos a mercenarios, o finalmente obedecemos por el bien mismo del amor del que manda (…) y entonces estamos en la disposición de hijos»[19]. Obedecer por amor no es una

[18] SAN JOSEMARÍA, *Carta* 11, n. 39.
[19] San Basilio, *Regulae fusius tractatae*, prol. 3 (PG 31, 895).

forma de voluntarismo que prescinda de la inteligencia; obedecer por amor quiere decir poner en juego todas las potencias del alma, desplegar lo mejor de la inteligencia que razonando busca el bien y de la voluntad que desea realizarlo.

De hecho, sin inteligencia y sin libertad —sobre todo sin libertad interior— no es posible una obediencia plenamente humana. Y, menos aún, una obediencia como la de Jesús. «No concibo —decía nuestro Padre— que pueda haber obediencia verdaderamente cristiana, si esa obediencia no es voluntaria y responsable. Los hijos de Dios no son piedras o cadáveres: son seres inteligentes y libres, y elevados todos al mismo orden sobrenatural»[20].

Pero podemos preguntarnos: ¿es posible obedecer sin entender, o incluso teniendo                    10

_____

[20] San Josemaría, *Conversaciones con Mons. Escrivá de Balaguer*, n. 2, Ed. Rialp.

una opinión distinta sobre un asunto? Es evidente que sí; y también entonces –quizá aún más– puede hacerse por amor y, por tanto, con libertad. Aquí, a menudo, junto con la caridad entrará en juego la fe: obedezco sin comprender o sin ver las cosas del mismo modo, cuando acepto que la indicación me viene de personas prudentes, que pueden juzgar mejor que yo mismo; o cuando acepto que, una vez ponderadas las cosas, es necesario tomar una decisión, y que corresponde a alguien hacerlo. Cuando vemos la gracia del Espíritu Santo en ese juicio y en nuestra disposición a aceptarlo, la obediencia se manifiesta como un acto de fe.

Como afirma santo Tomás, siguiendo en esto a Aristóteles, la voluntad es la facultad que propiamente dirige a la persona[21],

---

[21] Cfr. S. Tomás de Aquino, *Quaest. disp. De Malo*, q. VI: *Intelligo enim quia volo; et similiter utor omnibus potentiis et habitibus quia volo.*

aunque necesita que el entendimiento le presente los objetos de elección. Del corazón viene todo lo bueno y todo lo malo (cfr. *Lc* 6, 45): se puede decidir no querer entender, o no querer dialogar para comprender mejor una cuestión. La voluntad —como lo muestra la experiencia— puede dominar de tal modo a la inteligencia que incluso la puede forzar a negar algo objetivamente evidente. Pero la libre voluntad puede lanzarla también a emprender caminos nuevos, sin haberlo comprendido todo en un determinado momento.

Si, ante las dificultades y sufrimientos, nos encontramos desconcertados, sin comprender, nos ayudará contemplar a Jesús que, en su naturaleza humana, ha querido padecer también ese sufrimiento: al rezar «Dios mío, Dios mío, ¿por qué me has abandonado?» (*Mt* 27, 46), realiza las palabras proféticas del salmo 22. Su respuesta, vibrante de libertad en medio del dolor, se nutre también de

los salmos: «Padre, en tus manos enco-
miendo mi espíritu» (*Lc* 23, 46, cfr. *Sal*
31, 6). La obediencia de Jesús repara la
desobediencia de Adán (cfr. *Rm* 5, 19);
toda su vida y muerte es obediencia a
Dios Padre y causa de nuestra salvación
(cfr. *Flp* 2, 6-11).

## Obediencia y confianza

11  Obediencia y confianza también se recla-
man mutuamente, hasta el punto de que,
cuando son genuinas, se pasa de una a
otra con naturalidad: allí donde hay confianza, consultar el juicio de otro y, si
es el caso, hacerlo propio, suele ser una
manifestación normal de que se quiere
escoger lo mejor. Al contrario, cuando se
debilita la confianza, la obediencia corre
el riesgo de transformarse en algo pura-
mente externo, formal y distante. Por
eso, para facilitar una obediencia sana es
imprescindible un clima de afecto y de

benevolencia. Que las personas se sepan queridas y no controladas, que sean efectivamente escuchadas, que noten que se valoran sus opiniones: todas estas actitudes potencian la libertad y, al mismo tiempo, la obediencia.

San Josemaría señalaba que la confianza es la clave para construir una amistad entre padres e hijos: «Si no tienen libertad, si ven que no se confía en ellos, [los hijos] se sentirán movidos a engañar siempre»[22]. Cuando no hay confianza, rápidamente se crean distancias y se pierde fácilmente la transparencia, porque la intimidad es un ámbito delicado que necesita de un ambiente seguro para desplegarse. Tratar de asegurar una obediencia meramente externa, sin comunión de voluntades, es como construir una casa sobre arena (cfr. *Mt* 7, 26).

---

[22] SAN JOSEMARÍA, *Conversaciones*, n. 100, Ed. Rialp.

En la misión de crear un clima de confianza, tienen mayor responsabilidad quienes ocupan una posición de autoridad en la familia o en un grupo. De hecho, su primer acto de servicio puede consistir en fomentar activamente ese espacio de confianza con todos, al tiempo que van por delante en la búsqueda de la voluntad de Dios para sí mismos y para su misión. Así, apoyándose unos en otros, la buscarán y encontrarán también los demás. Aun con la necesaria organización –la indispensable, porque la Obra es una «organización desorganizada»[23]–, todos deben poder saberse y sentirse, también en expresión de nuestro Padre, «libres como pájaros»[24].

Precisamente la necesidad de un contexto de confianza y de calor familiar es lo que llevaba a san Josemaría a

---

[23] San Josemaría, *Conversaciones*, n. 63, Ed. Rialp.
[24] *Carta* 18, n. 38.

señalar que, en la Obra, el mandato más fuerte es un «por favor». No se trataba de una simple cuestión terminológica, sino la indicación de la actitud natural en un ambiente familiar, entre personas adultas, inteligentes y libres. Además, el hecho de que la Obra sea una familia *sobrenatural* hace que la fe y la caridad se sitúen, junto con la confianza, como verdaderos fundamentos tanto del ejercicio de la autoridad como de la obediencia.

## Obediencia y fecundidad apostólica

El Señor «aprendió por los padecimientos la obediencia. Y llegado a la perfección, se ha hecho causa de salvación eterna para todos los que le obedecen» (*Hb* 5, 8-9). La salvación, como fruto de la obediencia de Cristo hasta la muerte de Cruz, ilumina también la relación entre la obediencia y la fecundidad apostólica de nuestra vida.

Muchas veces habremos meditado aquella escena en que Pedro obedece al Señor, a pesar de que seguir su indicación era poco razonable desde el punto de vista humano: «Guía mar adentro y echad vuestras redes para la pesca» (*Lc* 5, 4). Pensémoslo despacio: ¡cuántas cosas buenas se siguieron de la obediencia de Pedro ante ese *Duc in altum!* «¡Oh poder de la obediencia! —El lago de Genesaret negaba sus peces a las redes de Pedro. Toda una noche en vano. —Ahora, obediente, volvió la red al agua y pescaron *piscium multitudinem copiosam* —una gran cantidad de peces. —Créeme: el milagro se repite cada día»[25].

13    En la misión apostólica, podemos y debemos tener una personal y amplia iniciativa, fruto del amor a Dios y a los demás y, a la vez, desarrollar, siguiendo a quien las

---

[25] SAN JOSEMARÍA, *Camino*, n. 629, Ed. Rialp.

dirige, tantas actividades organizadas en los centros de la Obra, desde la fidelidad a los medios que nos transmitió nuestro Padre. Todo esto, sin olvidar que el medio principal será siempre la oración: «La oración, esa es nuestra fuerza: no hemos tenido nunca otra arma»[26].

En la dirección de la Obra y en la organización de sus apostolados, la manera de obedecer es la propia de una familia, de una comunión de personas. Pensar en comunión de personas es pensar en comunión de libertades, comunión de iniciativas personales que también son «hacer el Opus Dei», y comunión de generaciones. La convicción de que Dios actúa en el corazón de todos, y de que todos estamos a la escucha de la voluntad divina, hace que surja la obediencia propia de una familia, en la que cada miembro busca activamente colaborar

---

[26] *Carta*, 17-VI-1973, n. 35.

en el proyecto común. Entendida y vivida así, la obediencia es expresión de unidad; de esa unidad que es precisamente condición de fecundidad apostólica: *ut omnes unum sint... ut mundus credat* (*Jn* 17, 21).

Respetando estrictamente la separación entre el acompañamiento espiritual y el gobierno de las personas, hemos de vivir y trabajar siempre llenos de agradecimiento por la vocación cristiana en la Obra, promoviendo las riquezas de cada uno y de cada una para trabajar todos en equipo y en familia.

Cultivar la auténtica virtud de la obediencia nos pone a salvo tanto de la incapacidad de escuchar como del servilismo que solamente ejecuta, sin la mediación de toda la riqueza interior que Dios ha dado a cada persona. Por eso, san Josemaría nos prevenía ante esas posibilidades. Consideraba, por un lado, que «la mayor parte de las desobediencias proviene de no saber "escuchar" el mandato, que en el fondo es falta de humildad o de interés en servir»[27]. Por otro, precisamente como consecuencia del deseo de escuchar con actitud de servicio, señalaba que «en el Opus Dei obedecemos con la cabeza y la voluntad; no como cadáveres. Yo con cadáveres no voy a ninguna parte; los entierro piadosamente»[28]. En este sentido, obedecer no es solo ejecutar la voluntad de otra persona, sino colaborar con ella en unión de voluntades y de cabeza, de pensamiento.

## La obediencia inteligente de san José

En su carta sobre san José, el Papa Francisco consideraba cómo «en cada circunstancia de su vida, José supo pronunciar su *fiat*, como María en la Anunciación y

14

---

[27] San Josemaría, *Surco*, n. 379, Ed. Rialp.

[28] Notas de una reunión de familia, 9-XI-1964, en Vázquez de Prada, *El Fundador del Opus Dei* (III), p. 407, Ed. Rialp.

Jesús en Getsemaní»[29]. Cuando san Josemaría tenía que hablar de la obediencia, se refería con frecuencia a san José,
porque veía en el patriarca precisamente
ese corazón que escucha: atento a Dios y
también atento a las circunstancias, a las
personas que lo rodeaban. Por ejemplo,
en el episodio del regreso de Egipto, nos
hace ver cómo «la fe de José no vacila, su
obediencia es siempre estricta y rápida.
Para comprender mejor esta lección que
nos da aquí el Santo Patriarca, es bueno que consideremos que su fe es activa,
y que su docilidad no presenta la actitud
de la obediencia de quien se deja arras-
trar por los acontecimientos»[30].

En esta línea, nuestro fundador
valoraba precisamente el hecho de que
san José, siendo como era un hombre de

[29] FRANCISCO, Carta apostólica *Patris corde*, 8-XII-
2020, n. 3.
[30] SAN JOSEMARÍA, *Es Cristo que pasa*, n. 42, Ed. Rialp.

oración, aplicara su inteligencia a la realidad que tenía delante: «En las diversas circunstancias de su vida, el Patriarca no renuncia a pensar, ni hace dejación de su responsabilidad. Al contrario: coloca al servicio de la fe toda su experiencia humana. (…) Así fue la fe de san José: plena, confiada, íntegra, manifestada en una entrega eficaz a la voluntad de Dios, en una obediencia inteligente»[31].

Es comprensible que, especialmente para quienes estamos llamados a ser santos metidos en las situaciones de este mundo, muy cambiantes y llenas de desafíos, san Josemaría nos insista en la necesidad de aprender una obediencia inteligente, integrada en nuestra libertad personal.

## La obediencia de María

En estos últimos años, se ha difundido por el mundo la devoción a la Virgen    15

---

[31] *Ibidem*.

*desatanudos*, que tiene raíces muy antiguas, porque ya a principios del siglo III escribía san Ireneo de Lyon: «Eva, por su desobediencia, ató el nudo de la desgracia para el género humano; en cambio, María, por su obediencia, lo desató»[32]. ¡Cuántos nudos, que parecen imposibles de desatar en el mundo y en nuestras vidas, se desharán si, como la Santísima Virgen, vivimos para los planes de Dios!

Comentaba nuestro Padre: «Tratemos de aprender, siguiendo su ejemplo en la obediencia a Dios, en esa delicada combinación de esclavitud y de señorío. En María no hay nada de aquella actitud de las vírgenes necias, que obedecen, pero alocadamente. Nuestra Señora oye con atención lo que Dios quiere, pondera lo que no entiende, pregunta lo que no sabe. Luego, se entrega toda al cumplimiento

---

[32] San IRENEO, *Adversus hæreses*, III, 22, 4 (PG 7-I, 959-960).

de la voluntad divina: he aquí la esclava del Señor, hágase en mí según tu palabra. ¿Veis la maravilla? Santa María, maestra de toda nuestra conducta, nos enseña ahora que la obediencia a Dios no es servilismo, no sojuzga la conciencia: nos mueve íntimamente a que descubramos la libertad de los hijos de Dios»[33].

Si, en alguna ocasión, la obediencia se nos presentara en conflicto con la libertad, acudamos a María: Ella nos conseguirá la gracia de descubrir, en la auténtica obediencia, la libertad de los hijos de Dios. Y, con la libertad, la alegría.

Con todo cariño, os bendice
vuestro Padre

*Fernando*

Roma, 10 de febrero de 2024

---

[33] San Josemaría, *Es Cristo que pasa*, n. 173, Ed. Rialp.

ESTE LIBRO, PUBLICADO POR
EDICIONES RIALP, S. A.,
MANUEL URIBE 13-15, 28033 MADRID,
SE TERMINÓ DE IMPRIMIR EN
ANZOS, S. L. FUENLABRADA (MADRID),
EL DÍA 10 DE FEBRERO DE 2024.